임진왜란,
조선엔 이순신이 있었다

일러두기
이 책은 《박시백의 조선왕조실록 10: 선조실록》, 《박시백의 조선왕조실록 11: 광해군일기》에서
이순신과 임진왜란의 내용만 추려 다시 엮은 것이다.

임진왜란,
조선엔 이순신이 있었다

박시백 지음

Humanist

이순신은 실로 하늘이 내린 인물.
그가 아니었다면 조선은 그때 이미
역사 속으로 사라졌거나
남북으로 분단되었으리라.

프롤로그

*경장: 정치·사회적으로 묵은 제도를 개혁하여 새롭게 함.

이때 전라 좌수사 이순신의 승전보가 전해지며 새로운 국면을 맞이하는데…

개국 이래 최대 위기를 맞은 조선의 운명은 어떻게 될까?

차례

프롤로그   6
등장인물 소개   12

제1장

일본의 침략, 무너지는 조선

예고된 침략   18
파죽지세의 침략군   29
불타는 궁궐   38
북으로, 또 북으로   49

제2장

이순신과 무적 수군

전라 좌수사 이순신   62
옥포 해전의 승리   70
이순신, 바다를 장악하다   78

제3장

올려라, 구국의 깃발

홍의장군과 경상 의병   88
전라 의병 고경명, 김천일, 최경회   95
조헌의 의병과 영규의 승병   100
떨쳐 일어난 각지의 의병들   105

제4장

퇴각하는 일본군

살아나는 조선의 힘	114
명의 참전과 행주대첩	123
아, 진주성	131
다시 무력한 조선	141
파탄 난 사기극	151

제5장

정유재란과 그 뒤

이순신을 제거하라	162
칠천량 패전과 호남 붕괴	177
필사즉생(必死卽生)	184
노량! 최후의 결전	192
후안무치 선조	202

부록

광해군의 활약	216
《선조실록》과 《선조수정실록》	222
임진왜란 해전 지도	226
작가의 말	228
참고 문헌	230
임진왜란 연표	

등장인물 소개

선조
조선 제14대 임금. 재위 중 임진왜란을 만나 의주까지 피난했다.

광해군
왜란 때 분조를 이끌며 국란 극복의 선두에 서서 활약한다.

임해군
선조의 장자로 왜란 때 적의 포로가 되었다.

유성룡
이황의 제자로 남인의 영수이다. 《징비록》을 지어 왜란의 실상을 알렸다. 이순신을 추천했으나 왜란 중 모함받는 이순신을 끝까지 비호하지는 않는다.

김성일
통신사로 일본에 갔지만 침략은 없을 거란 잘못된 상황 판단을 한다. 왜란 때 초유사에 임명되어 경상 의병을 지원한다.

이산해
북인의 영수로, 파천에 동의한 데 대해 대신들의 탄핵 주장이 이어져 파직된다.

이항복
왜란 때 끝까지 선조를 호종했다. 전쟁이 끝나고 1등 호성공신에 책봉된다.

이원익
왜란 말기에 재상을 맡아 정확한 상황 보고를 했다.

윤두수
서인의 영수 격으로 왜란 때 도체찰사를 맡아 독자 작전론을 폈다. 여러 대신과 함께 이순신 모함 경쟁에 뛰어든다.

이순신
성웅이란 호칭이 과하지 않은 백전백승의 명장. 모함으로 인한 파직과 백의종군에 굴하지 않는다. 7년 왜란 마지막 전투인 노량 해전에서 적탄에 맞아 최후를 맞는다.

신립
조선이 자랑하던 명장. 그러나 탄금대 전투에서 패배해 자살한다.

이일
신립과 함께 양대 명장이라 불렸지만, 상주 전투에서 패하고 도망한다.

원균
이순신을 질시해 모함하여 곤경에 빠뜨린다. 칠천량 해전에서 대패하고 죽는다.

김시민
진주 목사로 철저한 대비를 통해 진주성 방어전을 승리로 이끌었으나 전사한다.

신각
조헌의 말을 듣고 미리 전쟁에 대비해 해유령 전투에서 승리했음에도 참형을 당한다.

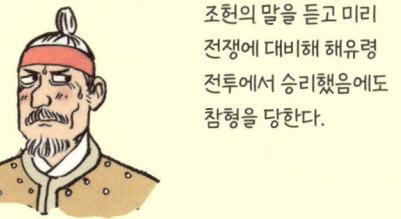

김명원
도원수로 한강, 임진강 방어를 맡았으나 허무하게 패배한다.

황진
2차 진주성 싸움을 지휘하다 전사한다.

조헌, 영규
서인 강경파 조헌은 전쟁이 일어나기 전 일관되게 왜침론을 주장했으나 받아들여지지 않았다. 금산에서 의병을 일으켜 거병한 의승병 영규와 합세한다.

고경명
나주에서 의병을 일으켜 금산성을 공격하다 순절한다.

고종후, 최경회, 김천일
전라 의병장들로, 경상도에 들어가 활동하다 2차 진주성 싸움에서 최후를 맞는다.

곽재우
조식의 제자이자 사위로, 전쟁 초기부터 의병을 일으켜 맹활약한다. 홍의장군으로 불렸다.

김면
거창, 고령 등지에서 의병을 일으킨다.

사명대사 유정
승병 부대를 이끌었으며, 전쟁 후 도쿠가와 이에야스와 전후 처리에 대해 담판을 벌였다.

정인홍
동인 강경파로, 고향에 은거해 있다가 왜란을 만나 합천에서 의병을 일으킨다.

김덕령
신망 높은 의병장으로, 역모 사건에 억울하게 연루되어 죽는다.

권율
행주대첩을 승리로 이끌고 도원수에 임명된다.

이여송
명나라 지원군 제독으로, 일본군의 기세에 눌려 선공격을 피하려 한다.

심유경
명나라 사신으로 일본과 강화교섭을 추진, 고니시와 함께 강화 사기극을 꾀하다 실패한다.

도요토미 히데요시
일본 통일로 전국시대의 막을 내린 무장이자 정치가. 두 차례에 걸친 조선 침략과 학살, 파괴의 지휘자이다.

고니시 유키나가, 가토 기요마사
각각 선봉 1, 2군을 맡아 조선을 침략한다. 앙숙 관계인 둘은 이순신을 제거하기 위해 손을 잡는다.

와키자카 야스하루
일본 수군 맹장으로 조선을 침략해 여러 육상 전투에서 승리하지만 바다에서 이순신을 만나 대패한다.

제1장

일본의 침략, 무너지는 조선

▶ 〈동래부순절도(東萊府殉節圖)〉, 1760, 육군박물관 소장.

예고된 침략

정여립 사건*으로 조정에 피바람이 불고

북인의 반격으로 긴장된 정국이 계속되고 있는 동안,

조선을 둘러싼 주변의 정세는 격변을 거치고 있었다.

명나라에서는 13대 황제 신종(만력제)이 사치와 향락에 빠져 정사를 팽개치고

신하들 사이의 파쟁이 계속되어 국세가 약화되어가고 있던 반면,

북방에서는 누르하치가 주변 부족들을 통합해 급격히 힘을 키워가고 있었다.

*정여립 사건: 1589년에 정여립이 모반 혐의를 받은 사건으로 이를 빌미로 1591년까지 서인의 대대적인 동인 축출(기축옥사)이 진행되었다. 이후 동인은 북인과 남인으로 나뉘며 붕당정치가 심화된다.

조선 통신사의 일본 내 활동과 귀국 후의 행동에 대해《실록》은 거의 기록을 전하지 않고,

《수정실록》이 전하고 있는데, 그 내용은 유성룡이 지은《징비록》에 크게 의존하고 있다.

기록은 부사인 김성일이 일본 측의 무례를 꾸짖는 등 시종 당당하게 행동해

일본 측의 존경을 샀지만,

정사인 황윤길과 서장관 허성은 겁을 집어먹었다거나 재물 확보에만 급급해 일본 측이 비루하게 여겼다는 등

김성일 칭찬에 많은 할애를 하고 있다. 사실 그랬다. 김성일은 이황의 애제자로, 후배들 사이에서는 유성룡 못지않은 평판을 받던 인물.

그러나 교양 있는 유자로서의 자부심이 지나쳤기 때문일까?

정황을
객관적으로
보지 못하는
실수를
범하고 만다.

통신사가 돌아온 것은
이듬해인 선조 24년 3월.

그래, 직접 가보니 어땠소? 저들이 정말 쳐들어올 것 같소?

신 황윤길 아뢰옵니다. 저들은 틀림없이 공격해올 것으로 신은 보옵니다.

신 김성일은 그런 낌새를 발견하지 못하였나이다.

윤길의 말은 사리에 어긋날 뿐 아니라 인심을 동요시킬 우려가 있사옵니다.

어전을 나오면서 유성룡과 김성일은 이런 대화를 나누었다는데

당시 왜침을 가장 경계했던 이는 조헌. 이때 통신사가 받아온 도요토미 히데요시의 답서는 조선을 경악케 했다.

일본국 관백은 조선 국왕 합하께 바칩니다.

(일본을 통일한 자신의 위업을 자랑하고)
사람의 한평생이 백 년을 넘지 못하는데 어찌 답답하게 이곳에만 오래도록 있을 수 있겠습니까?
국가가 멀고 산하가 막혀 있긴 하나 한번 뛰어 곧바로 대명국에 들어가 우리 나라의 풍속으로 400주를 바꿔놓고 제도의 정화를 억만년토록 시행코자 하는 것이 나의 마음입니다.

귀국이 선구가 되어 입조한다면 원려(遠慮)가 있음으로 하여 근우(近憂)가 없어지는 것입니다.
내가 대명국에 들어가는 날 사졸을 거느리고 군영에 임한다면 이웃으로서의 맹약을 더욱 굳게 할 것입니다.

나의 소원은 삼국에 아름다운 이름을 떨치고자 하는 것뿐입니다.

진작부터 일본에 대한 강경 대응을 주장해온 조헌은 대궐 앞에 자리를 깔고 소를 올렸다.

비답을 기다렸으나 왕은 모른 체했다.

* 지부상소(持斧上疏): 자신의 말이 틀리면 목을 쳐달란 의미로 도끼를 메고 와서 올리는 비장한 상소.

제1장 일본의 침략, 무너지는 조선

이마저도 김성일이 시폐10조를 올려 비판하면서 폐기되었다.

파죽지세의 침략군

조선은 문 우위의 나라.

조선을 건국한 사대부들은 문에 의한 지배를 제도화하는 데 성공했다.
권력은 총구에서 나온다지만 우린 달라.
무를 제압했고
동반(문)
서반(무)

왕과 지근 거리에 있는 여자들과 환관들도 권력화되지 못하게끔 했지.

물론 문정왕후가 세상을 쥐고 흔든 때도 있었지. 하나, 그것은 우리가 허용한 수렴청정 제도에 따른 것이고, 왕 뒤에 숨어 막후 실세로 정국을 좌우한 여인은 없었다 이 말이야.

환관도 마찬가지. 이웃 중국만 해도 환관들이 득세한 때가 많았지만 조선에선 어림없는 일!

말하자면 우리 조선은 유학의 종주국인 중국보다도 더 문명화된 정치 시스템을 구축한 나라.

자부심을 가져도 좋을 만큼 조선은 동시대 그 어느 나라보다 세련된 문치를 이룩했다.
권력은 붓 끝에서 나온다!

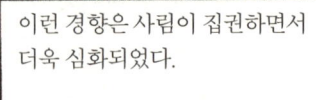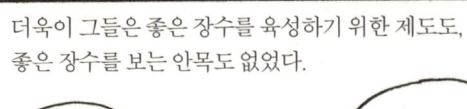

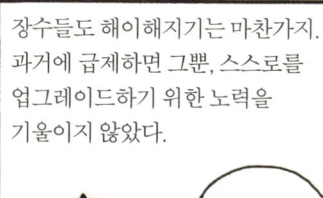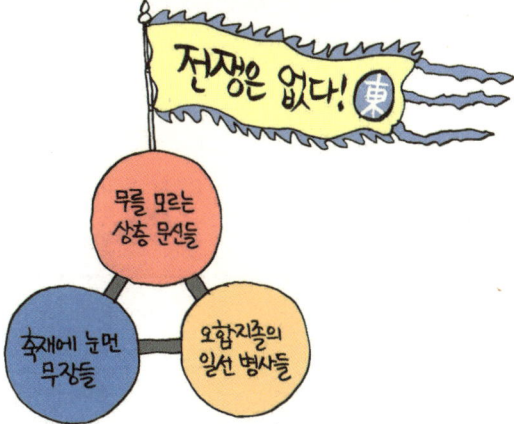

당연히 상륙을 막기 위한 해전 한 번 없었다.

일본 침략군과 처음 대적한 곳은 정발이 첨사로 있는 부산진성.

압도적 숫자와 전투 능력, 장비를 갖춘 적에 맞서서

정발 이하 군민은 잘 싸웠다.

그러나 성은 끝내 함락되고

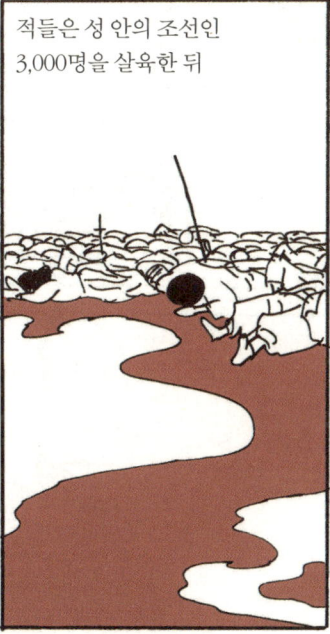

적들은 성 안의 조선인 3,000명을 살육한 뒤

동래읍성으로 발길을 옮겼다.

동래 부사 송상현이 답했다.

그렇게 싸움은 시작되었고,

송상현과 동래성 군민들도 끝까지 싸웠으나

반나절 만에 함락되었다. 고니시군은 여기서도 수천의 군민을 도륙했다.

다만 송상현의 장렬한 최후에 감동해 성 밖에 묻어주었다 한다.

이 두 싸움을 통해 일본군이 입은 피해는 전사 100여 명, 부상 400여 명.

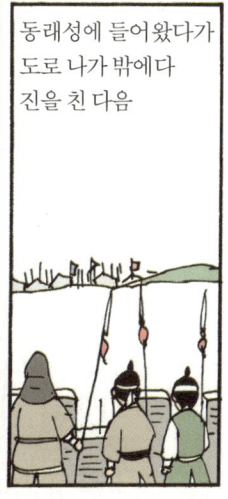

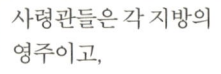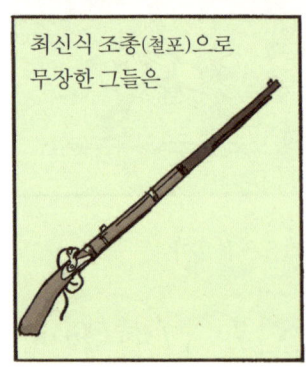

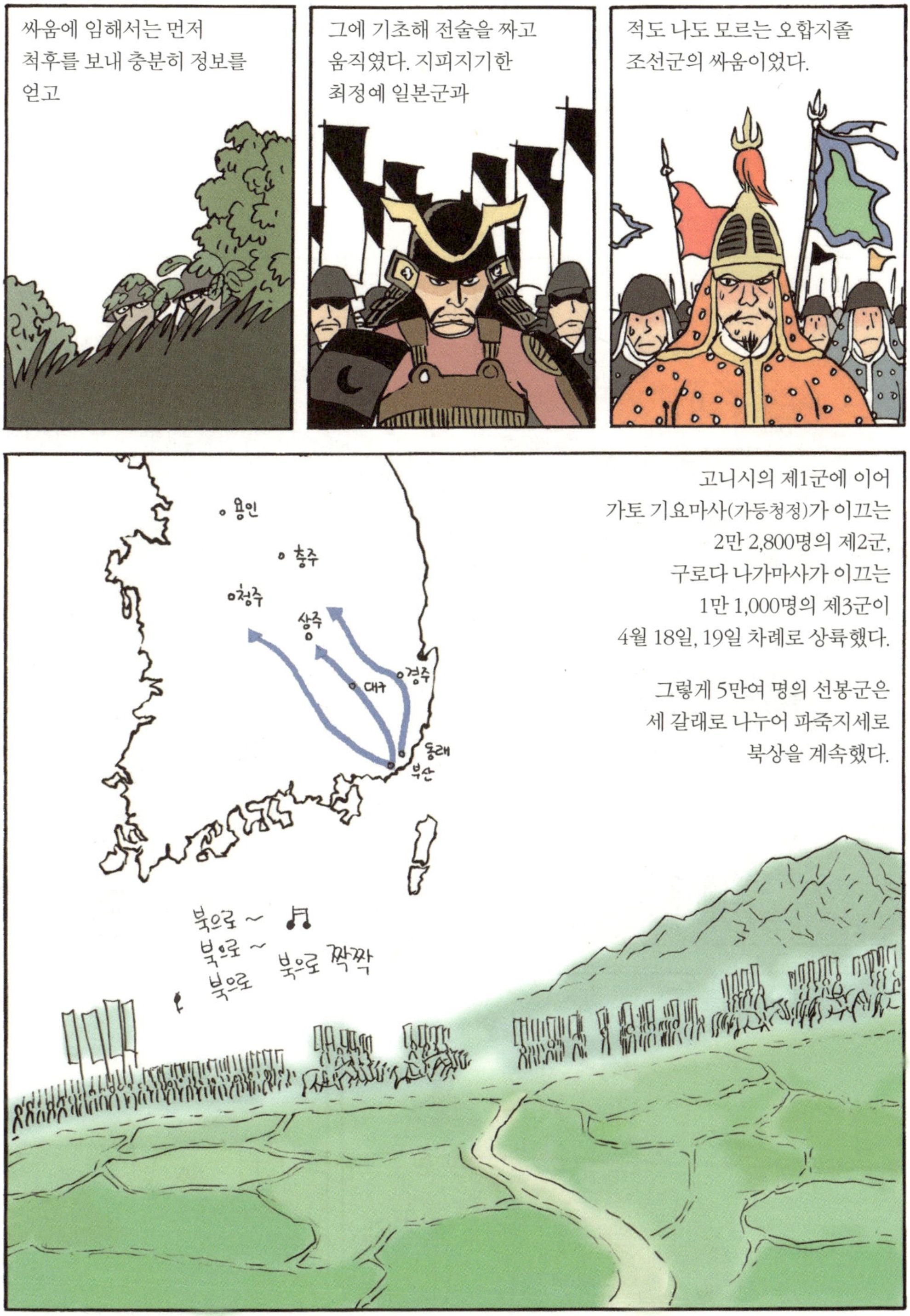

싸움에 임해서는 먼저 척후를 보내 충분히 정보를 얻고

그에 기초해 전술을 짜고 움직였다. 지피지기한 최정예 일본군과

적도 나도 모르는 오합지졸 조선군의 싸움이었다.

고니시의 제1군에 이어 가토 기요마사(가등청정)가 이끄는 2만 2,800명의 제2군, 구로다 나가마사가 이끄는 1만 1,000명의 제3군이 4월 18일, 19일 차례로 상륙했다.

그렇게 5만여 명의 선봉군은 세 갈래로 나누어 파죽지세로 북상을 계속했다.

북으로~ ♪
북으로~
북으로 북으로 짝짝

제1장 일본의 침략, 무너지는 조선 37

불타는 궁궐

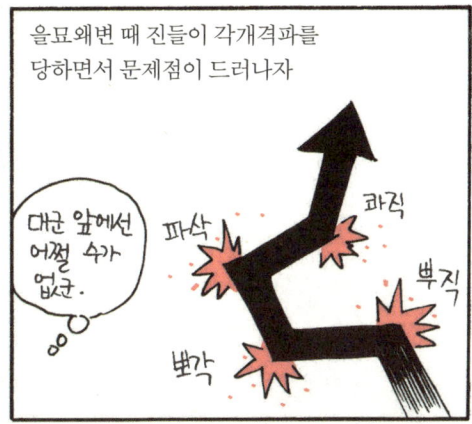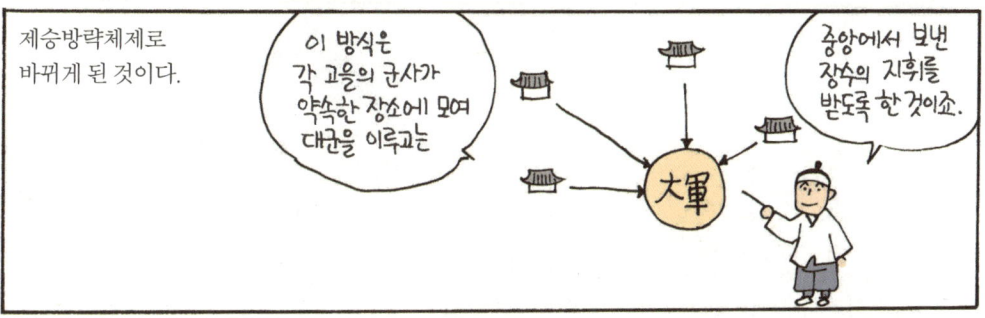

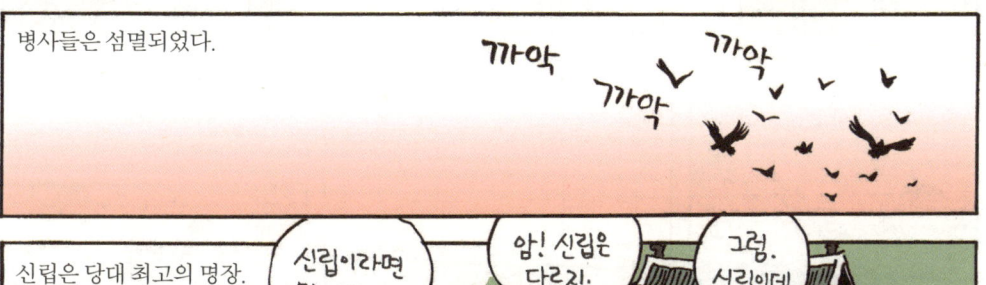

일본군 조총부대에게 아주 쉬운 과녁이 되고 말았다.

그렇게 힘 한번 써보지도 못하고 조선이 자랑하던 신립의 부대는 속수무책으로 깨져나갔다.

신립은 강물에 몸을 던졌다.

조선의 마지막 희망이었던 신립의 패전 소식을 조정에 전한 이는 상주 패전의 주인공 이일이다.

신립의 부대에 들어갔던 이일은 샛길로 산에 들어갔다가

제1장 일본의 침략, 무너지는 조선 43

그러나 한시가 급한 상황. 왕은 신하들이 말은 안 하지만 누구를 원하는지 모르지 않았고, 대안 또한 없다는 걸 알았다.

*정철: 동인 강경과 이산해의 계략으로 왕에게 광해군의 세자 책봉을 건의했다가 체직되었다.

파천 반대를 부르짖던 신하들도, 궁궐 호위를 맡은 갑사도 거의 달아나버려서 호종하는 종친, 문무관이 100명도 안 되는 초라한 피란 행렬이었다.

분노한 백성이 궁궐을 불질러버린 것이다. 《실록》의 사초도, 《승정원일기》도 이때 모두 불에 탔다.
노비 문서를 보관하고 있던 장례원도 불탔고, 원성의 표적이 되어온 형조 관아와
임해군의 집 등도 불탔다.

북으로, 또 북으로

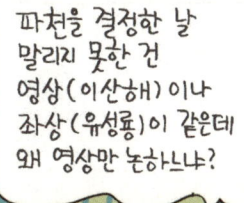

선조는 개성을 뜨면서

패장이자 허위 보고로 신각을 죽게 한 김명원에게 죄를 묻는 대신 다시 임진강 방어를 맡겼다.
뭐야? 잘할 때까지 계속하란 거야?

다만 김명원을 믿지는 못해서

한응인을 보내 응원하게 하면서 말했다.
도원수의 말은 듣지 않아도 되니 독자적으로 책임 있게 행동하라.
예! 전하!

강을 마주하고 대치한 양국 군.

돌연 일본군이 군막을 거두고 철수하는 것이 아닌가?
어라! 저것들이 겁먹었나 보네.

좋았어. 강을 건너 적을 추격한다.

안 됩니다. 적의 속임수임이 틀림없습니다.
내 생각에도 그런 것 같은데…

제1장 일본의 침략, 무너지는 조선 53

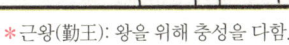

* 근왕(勤王): 왕을 위해 충성을 다함.

#

선조의 상황 판단과 대책은 매우 현실적이었다.

처음부터 요동 망명이 현실적 대안이라는 선조의 판단에 호응한 이는 이항복과 이덕형이다.

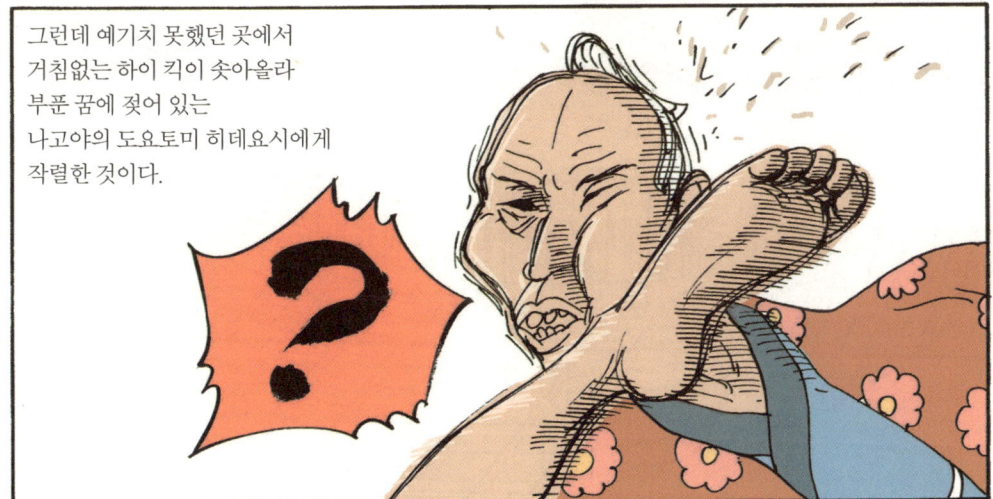

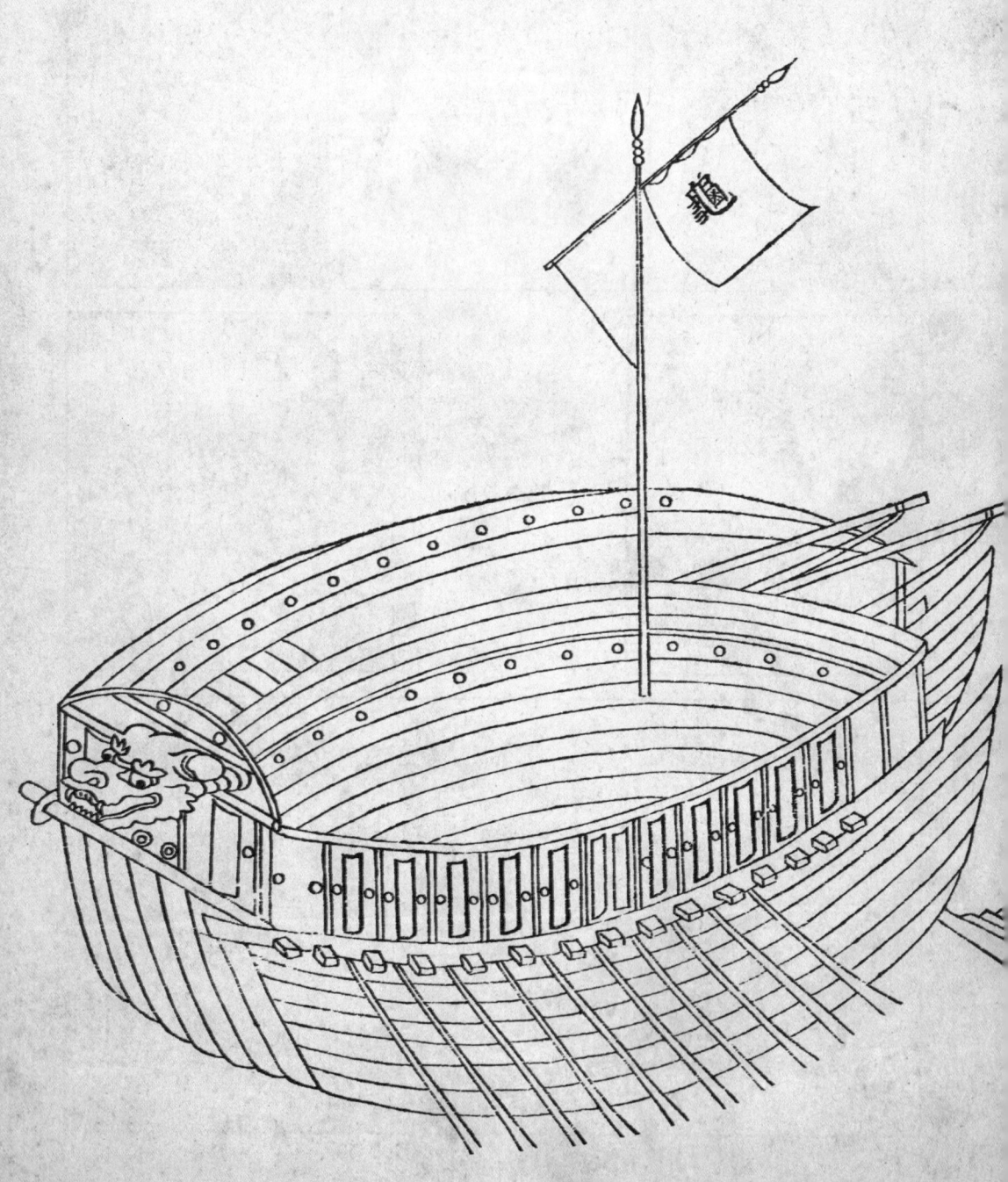

제2장

이순신과
무적 수군

▶ 〈귀선(龜船)〉,《이충무공전서(李忠武公全書)》, 1795, 국립중앙도서관 소장.

전라 좌수사 이순신

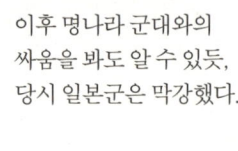

이런 점들을 고려해볼 때
도요토미 히데요시의 명나라 정벌 야망은
허황된 꿈만은 아니었다 하겠다.

그의 기본 전략은 이랬다.

전쟁 전 조선의
비변사 재상들은
논의 끝에
이런 결론을
내렸더랬다.

제2장 이순신과 무적 수군 63

이때 여진족 추장을 사로잡는 공을 세우고도 상사의 시기로 위기를 겪기도 했다.

아버지 상을 당해 3년상을 치른 뒤 다시 종4품인 함경도 조산 만호에 기용된다.

녹둔도 둔전관을 겸했는데, 여진족의 기습을 받아 백성 60여 명이 잡혀갔다.

즉시 반격하여 적장 4명을 죽이고, 납치되었던 백성과 약탈당했던 재물을 되찾아왔지만,

아군도 10여 명이 전사하고 수십 명이 부상했으며,

이순신 자신도 허벅지에 화살을 맞았다.

이에 상관인 북병사 이일은 경비 소홀을 이유로 이순신의 목을 벨 것을 청했다.

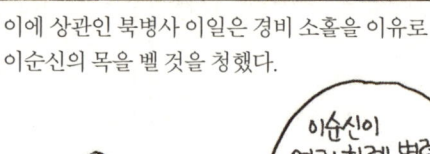

이순신은 전후 사정을 알리며 적극적으로 자기변호를 했다.

하지만 명성 높은 이일의 주장을 무시할 수 없었던 조정은 이순신에게 파직에다 곤장형, 그리고 백의종군을 명했다.

그래도 살아남았으니 다행입니다.

그해 겨울, 공을 세워 본래의 관작을 되찾았다.

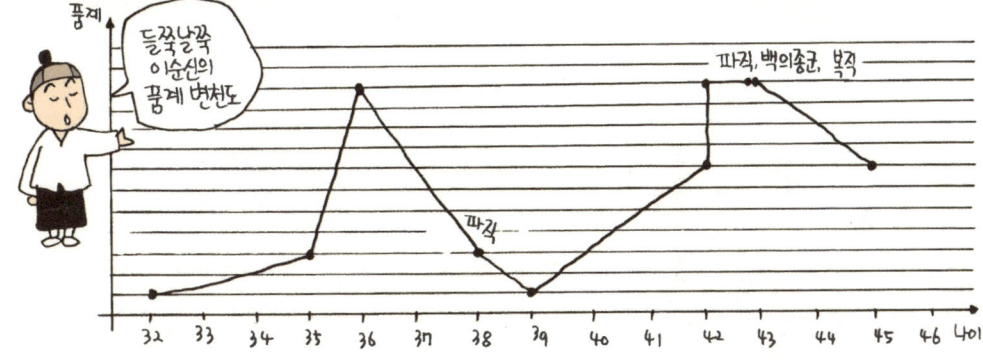

재주와 공로가 있어도 10년 넘게 제자리걸음을 해야 했던 이유는 승진을 위한 '노력'을 하지 않았기 때문이다.

이번 설엔 두룩두룩 선물이라도 돌리시죠.

쓸데없는 소리!

노력은커녕 찾아오는 기회도 차버리기 일쑤였다. 일찍이 이이가 이조 판서로 있을 때 만나보고자 했는데

이순신이 덕수 이씨라 들었는데

거절했고,

대감께서 인사권을 갖고 계신 동안은 찾아뵐 수 없다고 여쭈어라.

정읍 현감에 제수되어 선정으로 이름을 알리더니

진도 군수, 배포 첨사를 거쳐

1591년 2월 전라 좌수사에 제수된다.

애초 이 자리에는 원균이 임명되었는데, 이전 고을에서의 성적이 나빴다는 이유로 이내 교체된 것.(그리고 몇 달 뒤 경상 우수사에 제수됨.)

아직은 조선이 망할 운명은 아니었던 모양이다.

옥포 해전의 승리

좌수사에 제수되고 1년 남짓한 기간 동안 이순신은 전쟁 대비에 총력을 기울였다.

전함을 만들고

화포와 화약을 준비했으며,

군사훈련을 거듭했다.

조정의 판단과 달리 이순신은 일본의 침략을 기정사실로 여겼다.

그는 적의 수군에 대한 충분한 정보 수집에 기반을 두고

왜적들의 포로가 되었다가 풀려나온 백성의 증언을 종합해 보면 놈들이 온다는 것은 분명해.

적의 전함은 빠르나 견고하지 못하고

조총으로 무장하고 있는 반면 화포는 대단치 않아.

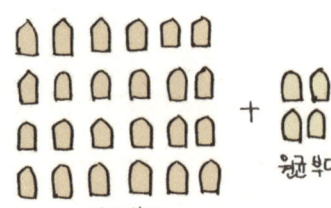

일본 병선은 부서지고 침몰해갔고

바다에 떨어진 일본 병사들에게는 화살 세례가 쏟아졌다.

그렇게 적선 26척이 파괴되고, 수많은 적이 수장되었다.

조선군이 입은 피해는 겨우 부상 1명! 압도적인 승리였다.

* 가자(加資): 신하의 자급(품계)을 더해줌.

이순신, 바다를 장악하다

이순신은 장졸들의 전공을 치하한 뒤 곧바로

전함을 수리하고 화약과 화포를 제작하는 등

다음 전투를 위한 준비에 몰두했다.

5월 29일, 이순신 함대는 2차 출동에 나섰다.

이때는 비장의 전함 거북선도 함께했다.

전라 우수영 이억기 부대, 원균 부대와 합류한 조선 수군은 판옥선만 50척이 넘는 위풍당당한 규모.

사천포에서 정박 중인 적선 12척을 발견해 모두 격파했다.

이순신은 이 싸움에서 어깨에 총탄을 맞아

오래도록 그 상처로 고생했다.

이튿날에는 당포에서 20척의 적선을 깨뜨렸는데,

거북선이 진가를 발휘했다. 포 공격에도 능하고,

충돌전에도 강했다.

적진 한가운데로 돌진해 좌충, 우돌을 해대도 적들로서는 속수무책.

죽기 살기로 올라왔다가는 송곳에 찔려 바다로 떨어지는 이가 속출했다.

제2장 이순신과 무적 수군 79

거북선은 이전부터 있었던 모양이다.

그러나 판옥선이 명종 때가 되어서야 자리 잡힌 것으로 볼 때 판옥선을 근간으로 한 이순신 거북선은 과거의 거북선에 비해 한층 발전된 모델임이 분명하다.

태종 13년 2월 5일 임금이 임진도를 지나다가 거북선과 왜선이 싸우는 것을 (모의 실전 훈련) 구경하다.

거북선을 선봉에 세운 조선 수군은 이어 당항포에서 26척, 율포에서 3척을 격파한 뒤

6월 10일 각 군영으로 복귀했다.

이 싸움에서 원균은 싸움보다도 수급(죽은 적의 목) 확보에 혈안이 되었다 한다.

저기도 있다 건져 올려.

옥포 승전은 이순신 혼자서 공을 독차지했어. 공을 인정받으려면 역시 많은 수급이 최고야.

원균은 그렇게 확보한 수급과 함께 장계를 올려 선조에게 깊은 인상을 심었다.

병졸도 얼마 없다던데 이렇게 많은 수급을... 용맹스런 장수인 모양이야.

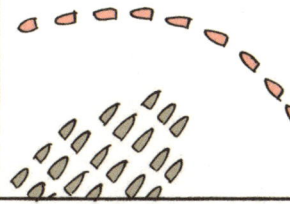

적선 59척이 격침되었고,

일본 수군의 맹장 와키자카는 간신히 달아났다.

이것이 유명한 한산대첩이다. 이어 조선 함대는 안골포에서 다시 적선 20여 척을 깨뜨린 뒤 개선했다.

이겼다. 또 이겼다. ♬

조정은 이순신에게 정2품인 정헌대부를,

원균과 이억기에게는 종2품인 가선대부를 가자했다.

그러나 의주의 조정은 이순신의 거듭된 승리가 주는 의미를 모르고 이런 소리나 하고 있었다.

고니시가 평양에서 꼼짝 않는 이유를 모르겠어.

그러게 말씀이옵니다.

왜란이 끝난 뒤 유성룡은 《징비록》에서 그 의미를 이렇게 정리하고 있다.

"… 그에 앞서 고니시 유키나가가 평양에 당도했을 때 우리 진영에 이런 글을 보내왔다.

'우리 수군 10만 명이 곧 서해로부터 도착할 것입니다. 조선 임금께서는 이제 어디로 가시렵니까?'

원래 적은 수군과 육군이 합세해 서쪽을 공략하려 했던 것이다. 그런데 거제 싸움(한산도 해전)에 패하면서 한 팔이 끊어진 셈이 되었다. 이렇게 되자 평양성을 점령한 유키나가라 할지라도 지원군이 사라지게 되어 더는 진격할 수 없었던 것이다.

결국 전라도와 충청도를 보존하고 아울러 황해도와 평안도 연안까지 지키게 됨으로써 군량의 조달과 통신 체계가 확립될 수 있었다. 이는 곧 나라를 회복할 수 있는 기반이 되었던 것이다. 그뿐만 아니라 요동과 천진 지방에 왜적의 손길이 닿지 않게 되어 명나라 군사들이 육로를 통해 우리나라를 구원할 수 있었다.

이 모든 것이 이순신이 한 번 이긴 결과였다."

조선 수군은 50여 일 뒤 다시 출병하여

부산포를 공격해 적선 100여 척을 깨뜨리는 전과를 올렸다.

상륙 본거지인 부산까지…… 끄응~

해전을 했다 하면 백전백패, 그렇다고 보급로를 포기할 수도 없는 상황. 이에 도요토미 히데요시는 연안을 따라 난공불락의 왜성들을 쌓도록 함으로써 최소한의 보급로를 확보한다.

해전은 하지 마라.

제3장

올려라,
구국의 깃발

▶ 〈창의토왜도(倡義討倭圖)〉,《북관유적도첩(北關遺蹟圖帖)》, 18세기, 고려대학교박물관 소장.

홍의장군과 경상 의병

침략군이 상륙하고 열흘 뒤, 경상도 의령의 선비 곽재우가 가산을 털어 의병을 모집했다. 조식의 제자이자 사위로, 조식의 기질을 빼닮은 열혈남아.

그가 일어선 의령은 낙동강과 남강이 만나는 곳으로 적들의 보급로에서 중요 지점이었다.

곽재우는 적들의 보급로를 교란하는 걸 우선적인 목표로 삼았다.

첫 전투에서는 적의 수송선단을 공격하기 위해

미리 강바닥에 말뚝을 박아두었다가

적들이 여기에 걸려 전복되고 부딪히고 하는 사이

이황과 조식의 문하에서 공부했던 김면은 거창과 고령에서,

벼슬에서 물러나 향리에 있었던 조식의 수제자 정인홍은 합천에서 창의의 깃발을 올렸다.

김성일은 이들에게도 적절한 권한과 병력을 더해주는 등 지원을 아끼지 않았다.

이로 인해 초기에는 유격전을 주로 했던 이 일대의 의병부대들이 수천 명의 규모를 갖춤과 함께 정규군처럼 변해갔다.

성을 공격하여 탈환에 성공할 만큼 군세가 커진 이들의 활약에 힘입어

낙동강 서쪽 경상우도 일대는 완전히 수복되었다.

억! 이젠 주요한 육상 수송로 중 하나도 끊긴 셈이잖아.

만석꾼인 김면은 가산을 남김없이 의병 활동에 쏟아부어 처자들이 문전걸식을 해야 하는 처지로 내몰렸다.

그러나 처자들을 한 번도 만나지 않은 채 막사에서만 생활하던 그는

이듬해 3월 막사에서 과로로 숨을 거두었다. 다음은 그가 죽기 전에 남긴 시다.

장군님—

只知有國 다만 나라가 있는 줄만 알았지
不知有身 이 한 몸이 있음은 알지 못했노라.

전라 의병 고경명, 김천일, 최경회

당초 일본군에게 호남 점령은 주요한 목표가 아니었다.

부산, 충주 찍고 서울, 평양, 의주까지 빨리 빨리 올라가는게 중요해.

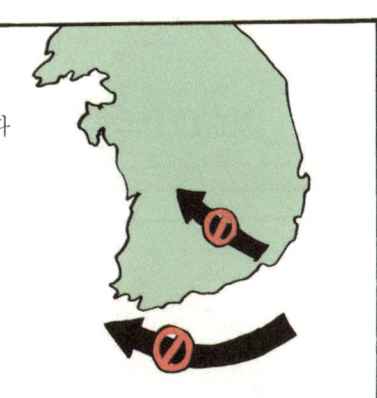

그러나 제해권을 빼앗겨 수상 보급로가 막힌 데다 경상 의병들의 활약으로 육상의 보급로까지 위협받게 되면서 사정은 달라졌다.

호남을 놔두면 안 되겠어. 조선이 힘을 키울 젖줄이 될 수 있어.

우리가 먹어 군수기지도 삼자. 잘하면 이순신을 고립시킬 수도…

이에 따라 일본 제6군은 호남의 교두보인 전주성을 향해 몰려들었다.

제1대는 웅치를 넘어 전주로!

제 2대는 이치를 넘어 전주로!

전라도 관군도 전주성 사수의 중요성을 모르지 않았다.
"못 막으면 호남이 적들에게 넘어가고 그다음엔 나라가…!"

웅치는 김제 군수 정담이 맡았다.

철저히 방어준비를 한 다음

적을 맞았다.

중과부적으로 끝내 패하기는 했지만, 얼마나 처절하게 싸웠는지
"적 한 명을 죽이고 죽을지언정 한 발짝도 물러서지 말라!"

뒤에 철수하던 제1대 일본군들이 조선군 전사자들의 시체를 모아 매장한 뒤 이런 푯말을 세울 정도였다.
弔朝鮮國忠肝義膽

이치는 권율과 황진이 맡았다.

웅치 전투에서와 마찬가지로 물러섬을 모르는 결사항전이었다.

그런데 돌연 적이 철수를 했다.

고경명의 의병군이 일본 제6군 본거지인 금산성을 공격했기 때문이다.

고경명은 60세의 나이로 나주에서 의병을 일으켜 6,000여 병사를 모았다.

근왕을 위해 북상하다 금산성을 친 것이다.

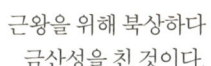

힘을 다해 싸웠으나 전력의 열세를 극복하지 못하고

김천일도 나주에서 기병한 뒤

근왕을 위해 북상하다

강화도에 주둔하며 조정과 호남 사이의 연락 업무를 담당했고,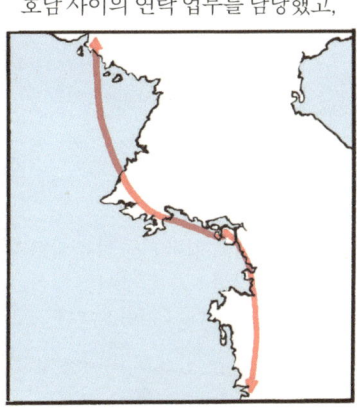

서울에 결사대를 잠입시켜 적을 공격하기도 했다.

고종후와 최경회, 김천일. 전라 의병을 대표하는 이 세 사람은 몇 달 뒤 경상도 진주성에서 장렬한 최후를 맞는다.

어쨌든 관군과 전라 의병의 분전으로 일본 제6군의 호남 점령 작전은 난관에 부닥쳤고, 조헌의 강공까지 겪게 되면서 결국 그들은 경상도 성주 방면으로 퇴각한다.

조헌의 의병과 영규의 승병

조헌은 일본의 침략 가능성을 일관되게 거론하며 강한 모습을 보이는 것이 침략을 막는 길이라고 역설했던 열혈남아.

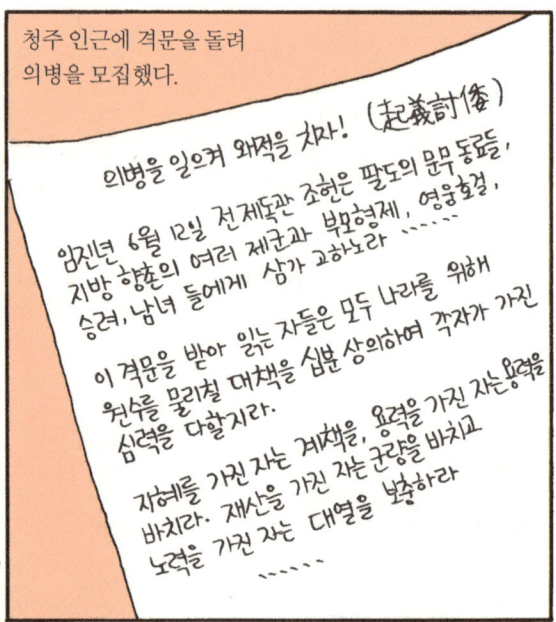

청주 인근에 격문을 돌려 의병을 모집했다.

의병을 일으켜 왜적을 치자! (起義討倭)

임진년 6월 12일 전제독관 조헌은 팔도의 문무 동료들, 지방 향촌의 여러 제군과 부모형제, 영웅호걸, 승려, 남녀 들에게 삼가 고하노라 ······

이 격문을 받아 읽는 자들은 모두 나라를 위해 원수를 물리칠 대책을 십분 상의하여 각자가 가진 심력을 다할지라.

지혜를 가진 자는 계책을, 용력을 가진 자는 용력을 바치라. 재산을 가진 자는 군량을 바치고 노력을 가진 자는 대열을 보충하라 ······

그러나 가산이 없어 모병은 지지부진하여

군량미도 없이 무슨 수로 군대를···

의병 1,000여 명을 모으는 데 시간이 제법 걸렸다.

공주에서는 승려 영규가

우리가 일어난 것은 조정의 명이 있어서가 아니다. 죽음이 두려운 자는 떠나라.

1,000여 명의 승병을 모아 조헌의 부대와 합세했다.

여기에 일부 관군까지 합세해 청주성을 치러 나섰다.

뭐야? 저따위 오합지졸들이 감히 우리를 친다고?

상대를 우습게 본 적들이 성문을 열고 나옴으로써

치열한 백병전이 벌어졌다.

영규의 탁월한 현장 지휘에 따라

싸움은 우세하게 펼쳐졌다.

할 수 없이 성으로 철수했던 적들은 이날 밤 성을 비우고 도주했다.

청주성 탈환에 성공한 조헌, 영규 부대는

고경명이 탈환하려다 실패한 금산으로 발길을 돌렸다.

앞서 고경명이 금산을 칠 때 같이 공격하자는 글을 조헌에게 보내왔었다.

하지만 의병을 제때 모으지 못해 약속을 지키지 못했던 조헌이다.

마음은 알겠지만 이 싸움은 무모합니다. 적들은 우리의 열 배가 됩니다.

그렇습니다. 뒷날을 기약합시다.

임금을 욕되게 한 신하는 죽어야 합니다. 나는 갑니다.

좋습니다. 같이 가서 한바탕 싸워봅시다.

열 배 가까이 되는 적들을 상대로 하루가 다 가도록 치열하게 싸웠고, 마침내 전멸했다.

영규 외에도 많은 승려가 호국의 기치 아래 싸웠다.

묘향산에서 거병한 서산대사 휴정과

그의 제자인 사명대사 유정이 유명한데,

이들이 이끄는 승병 부대는 얼마 뒤 평양 탈환 작전에 참여한다.

유정은 또한 전쟁 중에는 적장 가토 기요마사를 만나 여러 차례 회담을 했고, 전쟁 뒤에는 일본으로 건너가 도쿠가와 이에야스와 전후 처리를 둘러싼 담판을 벌이기도 했다.

그렇게 많은 승려가 불교 탄압을 일삼아온 유교국시의 나라를 지키기 위해 목숨을 바쳤다.

떨쳐 일어난 각지의 의병들

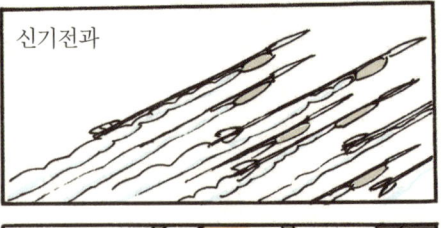

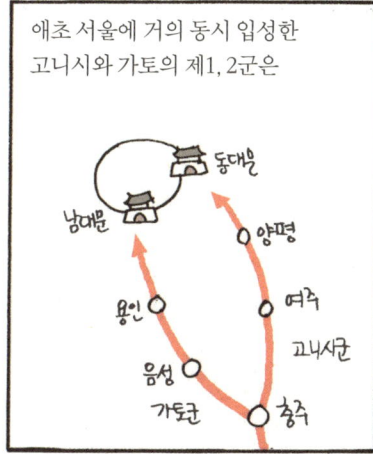

애초 서울에 거의 동시 입성한 고니시와 가토의 제1, 2군은

제비를 뽑아 진격 방향을 잡았다.

나는 평안도로.

쳇! 나는 함경도로.

선조는 처음 서울을 뜨면서 왕자들을 곳곳에 파견해

백성을 위무하고 근왕병을 모집하도록 했다.

이에 따라 서장자인 임해군은 함경도로

여섯째인 순화군은 강원도로 떠났는데,

강원도가 이미 적의 점령 아래 들어가면서

순화군은 임해군과 합류하여 함경도로 떠났다.

다행이다. 형님이랑 같이 가게 돼서…

차식!

제3장 올려라, 구국의 깃발 107

길주성을 포위해 공격하는 등 맹위를 떨쳤다.

그 밖에도 평안도의 임중량,

경기도의 홍계남,

경상좌도의 권응수,

충청도의 이산겸 등

적잖은 이들이 창의의 깃발을 들었고,

나라로부터 받은 은혜도 없으면서 위기가 닥치면 떨쳐 일어나는 독특한 유전자를 가진 민중이 화답하여 맞서 싸웠다.

이순신의 무적 수군과

의병들의 맹활약으로

일방적이던 전쟁의 양상은 전혀 다른 모습을 띠게 되었다.

제3장 올려라, 구국의 깃발 111

제4장

퇴각하는 일본군

▶ 〈평양성탈환도(平壤城奪還圖)〉, 제작연도 미상, 국립중앙박물관 소장.

살아나는 조선의 힘

한족이 세운 명나라는 그 옛날 고구려의 기억으로 인해
조선에 대해 이런 생각을 가지고 있었다.

명은 확답에 앞서 여러 경로로 사실 확인에 들어갔다.
다음은 상황 판단을 위해 조선을 찾은 황응양이
선조를 만나 나눈 대화다.

제4장 **퇴각하는 일본군** 115

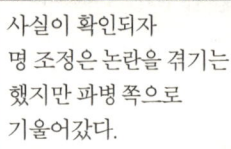
사실이 확인되자 명 조정은 논란을 겪기는 했지만 파병 쪽으로 기울어갔다.

그런데 이즈음 조선은 이미 자체의 힘으로 전쟁의 흐름을 바꿔가고 있었다.

전쟁 초기 조선은 방어 준비가 제대로 되어 있지 않았다.

문관 중심의 최고위급 지휘관들은 지레 겁부터 먹었고,

장수들은 무능했다.

고려 말 최무선이 화약을 제작, 사용한 이래

조선은 각종 화포의 개발과 성능 향상에 힘써왔다.(특히 세종과 문종이 많은 관심을 기울였다.) 그 결과물인 당시의 화포들이다.

싸움이 계속되면서 병사들도 경험을 쌓았고,

권율, 김시민, 박진, 곽재우, 최경회 등 걸출한 장수들이 일선 지휘를 맡게 되었다.

웅치, 이치 전투에서 새로운 모습을 보인 조선 육군은

경상 좌병사 박진의 책임 아래 의병장 권응수, 정세아 등과 합세하여 경주성을 되찾는 데 성공한다.

그렇게 김시민을 중심으로 3,000명의 병사와 진주성 백성은 혼연일체가 되어 밤낮으로 싸웠다.

한편 외곽에서는 김성일의 사전 조치에 따라 동쪽에서는 곽재우 의병이, 서쪽에서는 최경회 의병이,

남쪽과 북쪽에서는 조응도와 김준민 의병이 응원했다.

6일째 되는 날 새벽, 마침내 적들은 무수한 시체만 남긴 채 퇴각해야 했다. 육전에서 거둔 최대의 승리였다.

그러나 승리의 주역인 진주 목사 김시민은 마지막 날의 전투에서 적탄에 맞아 끝내 회복되지 못하고 세상을 떴다.

이렇듯 조선군은 이제 도망만 가던 초기의 군대가 아닌, 용감하고 끈질긴 군대로 거듭나 있었다.

명의 참전과 행주대첩

심유경은 고니시 유키나가를 만나 50일간의 휴전을 합의했다.(선조 25년 9월)

마침내 명은 송응창을 경략에, 이여송을 제독에 임명하고, 5만여 군사를 파병했다.(경략과 제독은 조선으로 치면 체찰사, 도원수에 해당한다.)

이들은 음력 12월 얼어붙은 압록강을 건너왔다.

이여송은 고조부가 조선 사람으로, 요동에서 여진을 상대로 싸워온 서른 살의 맹장.

조선 군대에 대한 작전권을 인수한 이여송은 곧바로 조·명 연합군을 이끌고 평양성 공격에 나섰다.

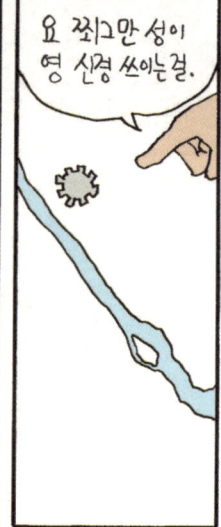

이치 전투 이래 단련된 호남 정예병들의 물러설 줄 모르는 투혼 앞에

일곱 차례에 걸친 공격도 무위로 끝나고, 일본군은 물러나야 했다.

권율의 공을 높이 평가하여 명 황제가 직접 상을 내렸고, 조정은 얼마 뒤 그를 도원수로 삼는다.

3천도 안 되는 군사로 3만의 공격을 막아냈다고? … 쑥스럽구먼.

아, 진주성

이에 일본은 심유경과 강화사, 임해군과 순화군을 앞세우고 퇴각하기 시작했는데, 여유 넘치는 나들이 같은 행군이었다.

권율이 추격하기 위해 한강을 건너려 했으나 명나라 측의 제지를 받았다.

명나라 측은 며칠 뒤에나 추격 아닌 추격을 시작했고,

일본군은 안전하게 남해안 왜성에 들어갔다.

그런데 이들에게 도요토미 히데요시로부터 뜻밖의 명이 내려온다.

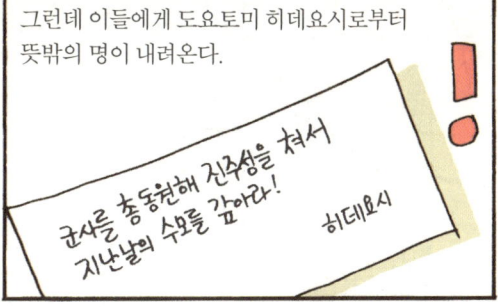

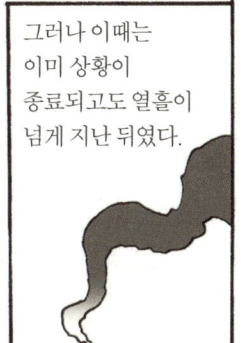

황진은 임진왜란 때 육군 무장 중 최고의 활약을 보인 인물로 평가받아 마땅하다.

그는 전쟁 전 황윤길, 김성일의 수행 무관으로 일본에 갔다가 한 쌍의 칼을 사오며 이렇게 말했다 한다.

그의 군대는 기강이 서고 절도가 있어서 용인 패전 때에도 전혀 손실을 입지 않았다.

이치 전투를 승리로 이끌었고,

진주성 싸움에서는 순성장을 맡아 전체 방어전을 지휘했다.

의병장 김천일은 갑옷 무게도 버거울 정도로 허약한 사람. 그러나 의기는 어느 누구보다도 강고하여

임금이 있는 북쪽을 향해 두 번 절을 올린 후 김천일과 그의 아들 김상건, 최경회와 고종후, 양산숙은 남강에 몸을 던졌다.

며칠 뒤 일본군의 자축연에 참여했던 논개는 왜장을 끌어안고 남강 물에 투신했다 한다. (단 그녀의 이야기는 《조선왕조실록》에는 전하지 않는다.)

다시 무력한 조선

굶주림이 극에 달한 백성 사이에는 인육을 먹는 풍조까지 생겨났다.
선조 27년 1월, 사헌부가 아뢴 내용이다.

기근이 극도에 이르러 인육을 먹으면서도 전혀 괴이하게 여기지 않습니다. 길가에 쓰러져 있는 굶어 죽은 시체엔 온전히 붙어 있는 살점이 없을 정도이며, 심지어는 산사람을 도살해 내장과 골수까지 먹고 있다 하옵니다.

사정이 이런데도 조정은 백성을 구제하고 민심을 수습하는 데 힘을 기울이지 않았다.

조정이 신경 쓰는 일이라고는 명나라 장수들을 보좌하고,

강화 반대 의견을 로비하는 것이었다.

안다. 철천지 원수.

왜적은 우리의...

그 때문에 해가 바뀌고 또 바뀌어도 상황은 개선되지 않았다.
농토는 황폐해진 채 방치되고,

장정이랑 소가 있어야 밭을 갈고

종자가 있어야 씨를 뿌리지.

백성은 여전히 굶주리며,

군량미는 쌓이지 않았다.

선조 29년에는 이몽학 등이 충청도 홍산을 비롯한 5읍을 함락하고 기세를 떨치는 사건이 일어났다.

곧 진압되었지만, 조사 과정에서 이번에는 김덕령의 이름이 튀어나왔다.

김덕령은 신력의 소유자라는 소문이 자자했던 위인.

유학까지 공부하여 선비로서의 양식까지 갖추었다.

주변에서 여러 번 의병을 권했으나 움직이지 않다가

적들이 후퇴한 뒤에 전택을 팔아 기병하자 몰려든 의병의 수가 5,000명에 달했다. 조정은 충용장이라는 칭호를 내려 격려하면서 남은 의병들을 모두 그의 휘하로 편입시켰다.

제4장 퇴각하는 일본군 149

곽재우 같은 백전노장들도 그의 신망을 인정했다.

"김덕령이라면...!"

의병장 대부분이 유학자들이었던 까닭에 건장한 체격과 호걸스러운 풍모를 지닌 그는 이렇듯 출발부터 안팎의 기대를 한 몸에 받았던 것.

"눈빛도 죽이네~"
"와우! 저 카리스마!"

하지만 뒤늦게 일어선 관계로 아직 내세울 만한 공은 없는 상황이었다.

여섯 차례나 고문을 받았지만 죄를 인정하지 않은 채

"공이 없으므로 죽어 마땅한 몸이외다."

별다른 변명도 없이 의연히 형장에서 죽었다.

휘하의 최담령은 풀려났지만, 겁쟁이 행세를 하며 살았다 한다.

"알알"

그의 죽음이 있고 나서 용력이 있는 자는 모두 숨어버리고 다시는 의병을 일으키지 않았다고 《수정실록》은 전한다.

"나라를 위해 싸우는 건 미친 짓이야."
"산속에 가서 화전이나 일구세"

파탄 난 사기극

진주성 학살극을 벌인 일본군은 왜성들로 들어갔고,

명나라 측은 이를 문제 삼지 않은 채 강화 논의를 계속했다.

그건 지난번 1차 진주성 싸움의 복수였다잖아.

자꾸 따지면 뭐해? 강화가 중요하지.

협상의 두 주역인 심유경과 고니시는 죽이 잘 맞았다.

둘 다 배포가 컸고,

언변이 뛰어났으며,

협상가들답게 정세에 대한 판단이 매우 현실적이었다.

그런데……

명나라 조정과 일본 도요토미 히데요시의 요구가 너무도 달랐다.

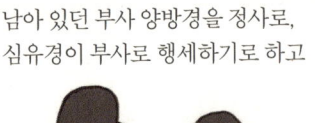

책봉은 황제가 내려주는 것이므로 책봉을 받는 자는 칙서와 책봉사에 대해 최상의 예를 갖추어야 한다.

그런데……

책봉사는 당황했다. 사정을 아는 심유경이 둘러대며

관백이 오늘 무릎에 종기가 나서 무릎 꿇지 못한답니다.

게다가 워낙 무식해서 고급 예절을 모른대요.

간신히 책봉례는 마칠 수 있었다.

휴~

그러나 이튿날 축하연에서

심유경, 고니시의 국제 사기극은 파국을 맞는다.

어이! 거기. 황제가 뭐라고 했는지 한번 읽어봐.

제4장 퇴각하는 일본군 157

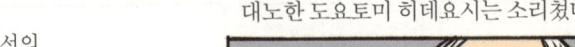
대노한 도요토미 히데요시는 소리쳤다.

명나라와 조선의 사신들은 도망치듯 일본을 떴고,

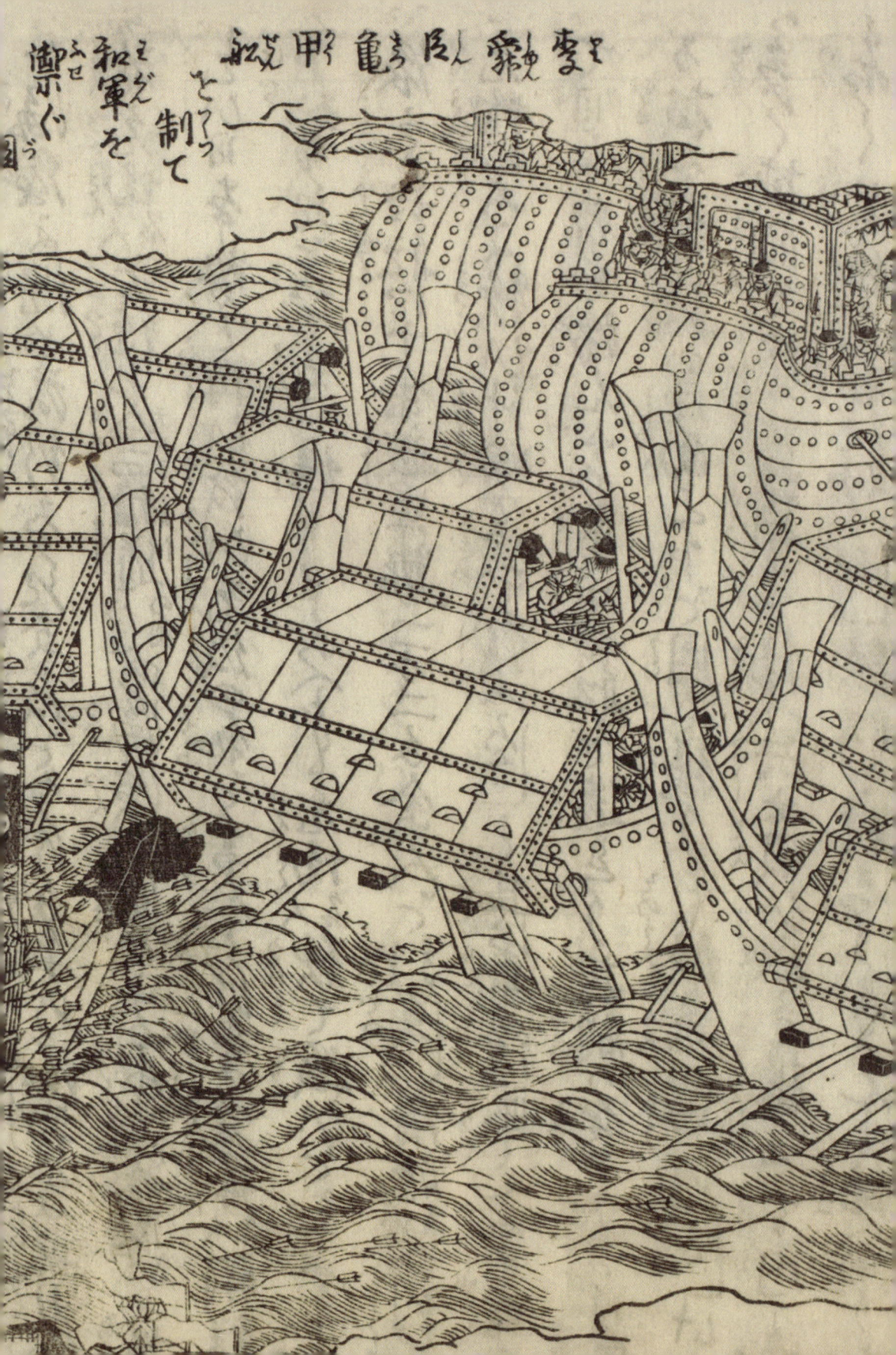

제5장

정유재란과
그 뒤

▶ 〈이순신 거북선이 일본군을 방어하는 모습〉, 《회본태합기(繪本太閤記)》, 제작연도 미상,
일본 국문학연구자료관 소장.

이순신을 제거하라

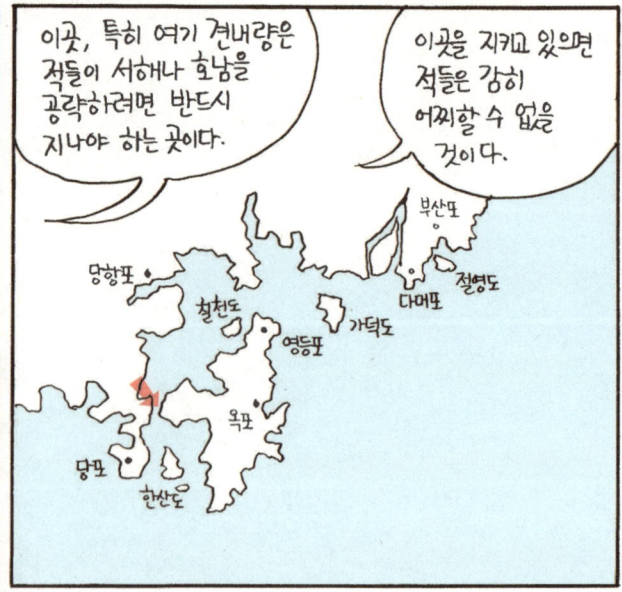

당시 일본군은 해안과 섬들 곳곳에 왜성을 쌓고 주둔하고 있었다.

성 쌓는 일은 우리의 또 다른 주특기지.

전국 시대에 끝없는 공방전을 거치며 축성술을 크게 발전시켰거든. 축성 속도도 빠르지만

성의 견고함이 또한 자랑이거든. 우릴 함락시키려면 적어도 다섯 배는 되는 군사가 와야 할걸.

봐봐. 이순신도 어쩌지 못하잖아.

사실이 그랬다. 싸움을 청해도 적들이 성에 웅거한 채 나오려 하지 않으니 이순신으로서도 뾰족한 수가 없었다.

무시하고 부산포 쪽으로 나아갔다간 포위되기 십상.

육군이 적들을 바다로 몰아주면 좋으련만 그럴 만한 힘이 없다니…

그렇게 일본군도 이순신도 선제공격을 하지 못하는 팽팽한 힘의 균형이 유지되고 있었다.

뭐가 힘의 균형이야? 몇 배의 힘을 가진 우리가 이순신 땜에 쫄아서 이러고 있는 거지.

시꺼!

강화 논의가 지루하게 계속되면서 조선군 내부에서도 독자적으로 적을 치자는 목소리가 커져갔다.

제5장 정유재란과 그 뒤 163

원균은 이순신이 수군통제사라는 직함으로 직속상관이 된 상황을 도저히 받아들일 수 없었다.

면전에서 노골적으로 불평을 늘어놓고,

여기저기에 이순신에 대한 험담을 하고 다녔다.

원칙주의자인 이순신의 눈에 비친 원균은 이랬으리라.

그런 원균이 상관인 자신을 대놓고 험담하며 다니는 것에 기가 막혔다.

둘 사이의 불화는 어느덧 조정의 중대 현안이 되었다.
사람을 보내 둘의 화합을 권고했는데도 갈등이 계속되자

제5장 정유재란과 그 뒤 165

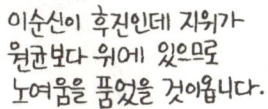

왕이 일관되게 원균을 추켜세우고 이순신을 폄하하는 태도를 보이자

신하들도 왕의 견해에 부화뇌동하는 경향을 띠어가는데,

그들의 발언에는 원균의 로비가 크게 작용한 흔적도 보인다.

원균이 전력을 붕괴시키고 도망했던 장수라는 사실은 문제되지 않는다.

더군다나 그가 원조를 청했으므로 공이 더 크다는 황당한 논리가 자연스럽게 자리 잡고 있음을 보라.(선조는 끝까지 이 논리를 고수했다!)

제대로 된 판단과 주장을 하고 있는 이는 이원익 하나였다.

때맞춰 이순신의 휘하 장수들이 거짓 보고로 이순신을 곤경에 빠뜨린다.

조정에서 돌아가는 이상한 분위기를 알고 있었으리라. 이런저런 입방아들을 한 방에 날려보낼 소식이다. 이순신은 자세히 알아보지 않은 채로 보고서를 올렸다.

고니시와 선을 갖고 접촉해온 김응서의 장계가 도착한 것은 바로 이때였다.

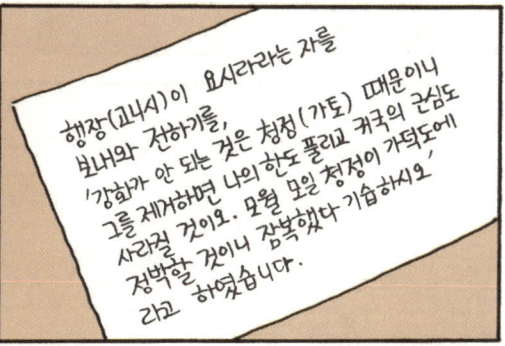

고니시와 가토는 이웃한 지역의 영주들이다.

고니시는 상인 출신으로 정세와 물정에 밝았고,

가토는 도요토미 히데요시의 최측근 무장 출신이다.

둘은 서로를 라이벌로 여겼고, 이에 도요토미 히데요시는 둘에게 제1, 제2 선봉장을 맡겼다.

가토가 고니시의 평양 패배를 과장해 떠들고,

고니시가 강화 협상을 주도하면서 둘 사이의 골은 더욱 깊어졌다.

둘은 뒷날 도요토미 히데요시가 죽고 나서 일본 전역이 그의 아들을 지지하는 서군과 도쿠가와 이에야스를 지지하는 동군으로 나뉘어 싸운 세키가하라 전투에서 적이 되어 싸웠다.

서군이 패하면서 사로잡힌 고니시는

할복을 거부하여 (그는 기독교 신자다.) 목이 잘렸고,

그의 영지는 가토의 차지가 되었다. 이는 훗날의 이야기이고,

고니시는 자신과 가토의 불화를 이순신 제거에 활용키로 했고,

조선 조정은 그의 계략에 걸려들고 만다.

이순신에게 명해 가덕도로 나아가 기다렸다가 가토를 잡도록 하라고 이르라.

그러나 이순신은 이를 적들의 흉계로 보고 명을 거절한다.

그런데 《실록》의 날짜별 기록을 살펴보면 이순신에게 명령이 전달되기도 전에 이미 가토는 군대를 이끌고 상륙한 상태로 보인다.

그러나 선후가 뒤섞인 정보들 속에 조정의 상황 판단 능력은 마비되고 만다.

선조 30년 1월 27일, 이 한심한 발언들을 보라. 이정형과 정탁 정도만 바른 소리를 내고 있을 뿐이고, 이순신의 추천자인 유성룡까지 모함 경쟁에 가세하고 있다.

 이순신이 어떤 사람인지 모르겠다. 이제는 비록 그가 청정의 목을 베어 온다 해도 결코 그 죄를 용서할 수 없다.

신은 한 동네 사람이어서 어려서부터 그를 아는데 직무를 잘 수행하는 자라 여겼습니다. 성품이 강의하고 뜻을 굽힐 줄 모르는데 무릇 장수는 뜻이 차고 기가 퍼지면 반드시 교만해지게 마련이옵니다.

 이순신은 용서할 수 없다. 무장으로서 어찌 조정을 경멸하는 마음을 갖는단 말인가? 우상(이원익)이 내려갈 때 천균 같은 장수는 평시엔 써서 안 되고 전시에는 써야 한다고 했소. (이원익은 공이 있기 때문에 할 수 없이 쓰고 있을 뿐이란 뉘앙스로 말했다.ㅡㅡ;)

수군으로서 원균만 한 사람이 없으니 이제 써야 하옵니다.

김응남

나라를 위하는 마음이 깊습니다.

유성룡

수군의 선봉으로 삼고자 하오.

지당하십니다.

임진년에 원균과 이순신이 천천히 장계를 올리기로 약속했다가 이순신이 몰래 혼자 올려서 자기의 공으로 삼았기 때문에 원균이 원망을 품었다 하옵니다.

이산해

이순신을 체직해야 하옵니다.

윤두수

위급할 때 장수를 바꿀 순 없사옵니다.

정탁

이순신의 사람됨은 모르지만 자혜는 적은 듯하오. 임진년 이후엔 한 번도 거사하지 않았고 이번에도 하늘이 준 기회를 취하지 않았으니 어찌 매번 용서만 하겠소?

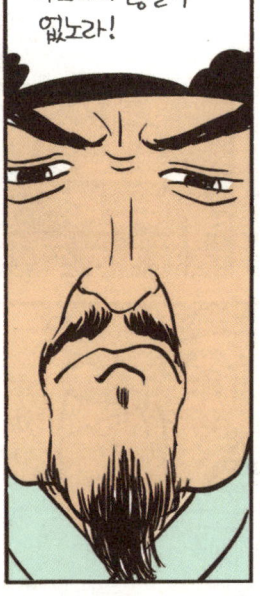

이정형

사헌부가 적극 가세하면서

체포령이 떨어졌다.

칠천량 패전과 호남 붕괴

새 수군통제사 원균은 진중에서나 전투에서나 이순신과는 반대로 행동했다.

이순신은 늘 부하들과 함께했다. 수시로 불러 작전을 의논하고,

술을 마시고,

바둑을 두었다.

그래서 이순신의 휘하 장수들은 대장의 생각과 작전을 완전히 이해할 수 있었고, 이로부터 환상의 조직력이 만들어질 수 있었다.

원균은 이순신이 신임했던 장수들을 멀리했고,

이순신이 부하들과 함께하며 작전을 연구하던 운주당에 첩을 데려와 살았다.

부하들은 대장의 얼굴조차 보기 힘들었다.

선조도 거든다.

원균에게 전하라. 전과 같이 후퇴해서 적을 놓아주면 나라엔 법이 있다고. 나 역시 사사로이 용서치 않을 것이라고.

그래도 망설이자 권율은 원균을 불러다 곤장을 쳤다.

즉시 출동하지요.

제 꾀에 넘어간 꼴이 된 원균.

전군 출동 준비!

자포자기의 심정으로 출정을 명한다. 그동안 만들어놓은 전선까지 총동원된 최대 규모의 출진이었다.

둥둥둥둥둥둥둥…

이순신은 사전에 충분히 정보를 취합하여 작전을 세우고,

언제나 척후선을 띄워 적의 동향을 시시각각으로 확인했다.

노 젓는 병사들이 지치지 않도록 중간 중간 정박하여 휴식을 취하게 했으며,

이억기는 전사했고,

원균은 육지로 도망하다

죽음을 맞았다.

일본군이 유일하게
두려워했던
막강 조선 수군은
그렇게
칠천량 바다를
밝히며
사라지고 말았다.

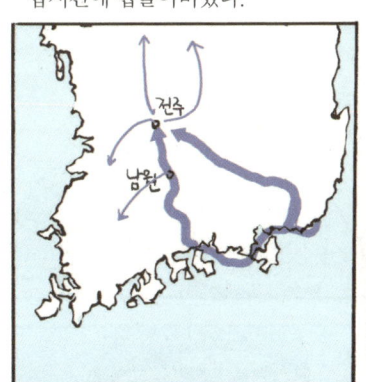

필사즉생(必死卽生)

옥문을 나서 백의종군의 길을 가던 이순신에게

어머니의 부고가 전해졌다.

노모를 걱정하는 마음으로 《난중일기》를 가득 채울 만큼 효자였던 이순신.

그러나 길은 가야 한다. 선조 30년 4월 19일자 《난중일기》에 그는 이렇게 쓰고 있다.

> 일찍 집을 나서 떠나야겠기에 어머니의 빈소 앞에서 울며 하직했다.
> 어찌하랴. 어찌하랴.
> 천지에 나 같은 이 또 어디 있으랴. 어서 죽는 것만 못하다.

권율의 휘하에서 잠시 백의종군을 하고 있는데, 칠천량 패전의 소식이 전해졌다.

그동안 애써 키운 분신과도 같은 수군이 사라진 것이다.

며칠 뒤 3도 수군통제사로 복직하라는 교서가 내려졌다.

이때 조정은 이순신을 다시 수군통제사로 삼기는 했지만, 무너진 수군으로 할 수 있는 일이 없다고 여겨 이순신에게 수군을 파하고 육전에 힘쓰라는 권고를 했다.

이에 대한 이순신의 답변이 유명하다.

저 임진년으로부터 오륙 년 동안 적이 감히 충청, 전라도를 바로 찌르지 못한 것은 우리 수군이 그 길목을 누르고 있었기 때문입니다.

지금 신에게는 아직도 전선 열두 척이 있나이다. 나아가 죽기로 싸운다면 해볼 만하옵니다.

이제 만일 수군을 전폐한다면 이는 적이 만 번 다행으로 여기는 일일뿐더러 충청도를 거쳐 한강까지 갈 터인데 신은 그것을 걱정하는 것이옵니다.

전선의 수는 비록 적지만 신이 죽지 않는 한 적은 감히 우리를 업신여기지 못할 것이옵니다!

백성의 어선 100여 척도 전선으로 꾸며 후미에 배치했다.

이윽고 모습을 드러낸 적의 함대.

그러나 300척이라 해도 해협이 좁아 한꺼번에 나아갈 수 있는 수는 제한될 수밖에.

한 사람이 길목을 막아 능히 천 사람을 두렵게 할 수 있는 곳! 이순신이 명량해협을 고른 이유이다.

그러나 압도적인 적의 위세 앞에

겁을 먹은 휘하 장수들이 뒤로 빠지고 말아

개전하고 상당 시간을 이순신은 홀로 적진 속에서 분투해야 했다.

이순신은 초요기를 올려 장수들을 부르고는 호통을 쳤다.

다시 결의를 다진 조선군의 화포가 불을 뿜기 시작했다.

좁은 해협에 밀집된 적들은 좋은 표적이 되었다.

때맞춰 조류의 흐름이 바뀌면서

불타는 적선은 불쏘시개가 되어 다른 적선들을 불사르는 양상이 되었고

견디다 못한 적들은 마침내 도주하기 시작한다.

노량! 최후의 결전

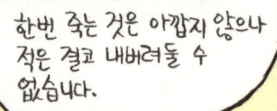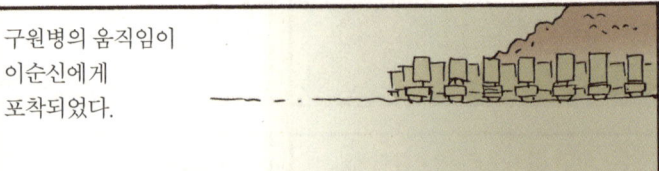

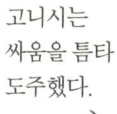

후안무치 선조

전쟁은 끝났다.

적을 몰아내기 위해 많은 장수와 백성이 하나뿐인 생명을 바쳤다.

전쟁의 참화에 책임이 있는 왕과 조정 대신들은

전쟁의 와중에도, 전쟁이 끝난 뒤에도 나라를 지킨 이들의 은공을 모르고 후안무치하게 행동했다.

이순신을 잡아들일 때 왕과 대신들이 했던 나불거림을 생각해보라.

- 이순신은 내가 늘 의심했다.
- 이순신은 원균이 열댓 번 부른 뒤에야
- 이순신은 싸우는 데 실증을 낸 것
- 교만한 장수는 쓸모가 없다.

후안무치의 정점에는 물론 선조가 있다.

선조 34년, 전쟁에 공을 세운 이들을 녹훈*하는 문제에 대해 선조는 이렇게 말했다.

*녹훈(錄勳): 나라나 임금을 위해 세운 공로를 기록함.

적을 물리친 것은 오직 명나라 군대의 힘이고, 자기 나라 군대는 한 일이 거의 없다는 것.

"내가 다 했다고? 이거 쑥스럽네."

그 때문에 싸우다 죽은 일선 장수들보다 자신을 호종하고 명나라에 지원을 청한 이들의 공이 훨씬 크다는 것.

이것이 전쟁과 관련한 선조의 기본 인식이었다.

선조의 원균 사랑도 계속되었다.
선조 36년 6월, 신하들이 원균을 이등공신 후보로 올려놓자 말하기를, (그나마도 선조의 눈치를 보고 올려놓은 것인데)

"적변 발생 초기에 원균이 이순신에게 구원해주기를 청해서 이순신이 싸우러 간 것이지 자진해서 간 것이 아니다.
왜적을 토벌할 적엔 죽기를 결심하고 항상 선봉이 되어 용맹을 떨쳤고"

"통제사가 되어서도 원균이 재삼 장계를 올려 부산 앞바다에 들어가 토벌할 수 없는 상황임을 극력 진달했으나 비변사와 권율이 윽박질러 패전할 것을 알면서도 할 수 없이 출전해 적과 싸우다 패배한 것이다."

"원균은 용기만 으뜸이었던 것이 아니라 지혜 또한 지극했던 것이다."

선조는 피란 가는 수모를 겪고

수십 번의 선위 쇼도 선보였지만,
"죄인인 내가 무슨 염치로…"

전쟁이 끝나고도 10년 넘게 왕좌를 지켰다. 이때까지의 임금 중 최장인 40년 8개월의 재위 기록을 자랑한다.
중종 38년 2개월
세종 31년 6개월

어린 나이에도 명종 앞에서 기지를 발휘해 형들을 제치고 강한 인상을 심었을 만큼 머리 회전이 빨랐고,

현실판단 능력도 뛰어났다. 전쟁 과정에도 전황의 흐름에 대해서나 어떤 일의 가능 여부에 대해 신하들보다 더 현실적이고 정확한 판단을 내리곤 했다.

신하들의 대책 없는 서울 사수 주장을 무시하고 피란을 강행했고,

윤두수 등이 독자 작전을 주장할 때도 냉정한 판단력을 보여주었다.
"쯧쯧, 이건 망하기를 재촉하는 길이야."

왜? 자신과는 무척이나 대비되는 사람이었기 때문이리라.

전쟁 대비도 제대로 못했고,

전쟁이 나자 도망가기에 바빴던 왕이다.

반면 이순신은 일개 변장으로서 완벽하게 전쟁에 대비했고,

다른 장수들이 도망에 급급할 때

함대를 이끌고 나가 기적과도 같은 승리를 일구어냈다.

이후로도 나갔다 하면 최소의 희생으로 경이적인 승리를 거두었다.

육지에서는 국경선까지 몰렸으나 바다의 패자는 조선의 이순신이었다.

왕은 곽재우도 별로 좋아하지 않았다.

이순신과 비슷한 펼이…

전쟁 초기부터 의병을 일으켰고 패배를 몰랐다.

처자를 다 잃었지만 끝까지 전장을 지킨 홍의장군 곽재우.

전쟁이 끝난 뒤에는 공을 내세우지 않았고, 벼슬에 나아가기를 싫어했다. 도무지 흠잡을 데 없는 인물!

김덕령에 대해서도 처음부터 마뜩지 않아했다.

다른 의병장들에 대해서도 마찬가지였다. 빈말이나마 뜨겁게 그들의 의기와 공훈을 고무하는 발언을 한 적이 한 번도 없다. 보인 반응이라야 이런 정도.

조헌이 청주성을 회복했다는 게 정말인가?

예! 전하!

김천일은 어떤 사람인가?

…

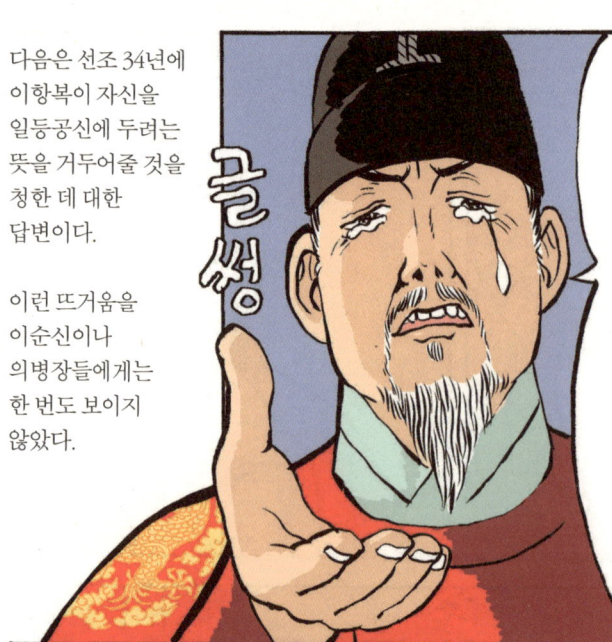

다음은 선조 34년에 이항복이 자신을 일등공신에 두려는 뜻을 거두어줄 것을 청한 데 대한 답변이다.

이런 뜨거움을 이순신이나 의병장들에게는 한 번도 보이지 않았다.

경은 정원(승정원)의 장으로서 병조의 장으로서 처음부터 끝까지 남다른 충성과 굳센 절개를 보였음을 나만은 알고 있소. 나는 비록 조종에게 죄를 지었지만 경은 실로 조종의 충신이오.

또 한마디 할 말이 있는데 말을 하려니 목이 메인다. 흑~ 저번 영변에 있을 때 경이 여러 사람이 모인 가운데서 '신은 오직 대가를 따르려 합니다.' 하였는데, 그 말이 지금도 귀에 쟁쟁하오.

오늘날의 회복은 실로 경의 덕이니 사양치 마오.

호종한 이들에 대한 선조의 사랑은 물론 다들 도망가는데

떠나지 않고 자신을 지켜준 데 대한 고마움의 표현이리라.

⋯⋯

그러나 단지 그뿐이라면 가산을 털어가며 의병을 일으키고 싸우다 죽은 의병장들에 대해서 못지않은 고마움을 표해야 마땅할 것이다.

그런데 왜⋯⋯

호종한 이들은 어찌됐든 함께 피란 다닌 이들!

그 때문에 자신보다 도덕적으로 특별히 나을 게 없다는 동류의식이 작용한 것이 아닐까?

이순신이네처럼 비교 당하지는 않잖아.

그리고 덤으로 이런 효과도 있어요. 그들의 공을 높이면 비슷한 처신을 한 나의 과오도 희석된다는··· 홋~

어쨌든 뻔뻔한 왕과 조정 대신들로 인해 구국 영웅들은 죽은 뒤에도 걸맞은 대우를 받지 못했다. 그러나 세월이 흐를수록 그들의 고귀한 정신과 활약상은 점점 더 빛을 발해 오늘을 사는 우리의 가슴까지 뜨겁게 달군다.

부록

남은 이야기_하나
광해군의 활약

남은 이야기_둘
《선조실록》과《선조수정실록》

임진왜란 해전 지도

작가의 말

참고문헌

임진왜란 연표

남은 이야기_하나

광해군의 활약

광해군은 신하들 사이에서 평판이 사뭇 드높았다.

그러나 임진왜란이 터지는 바람에 아직 어린 신성군을 (15세 정도로 추정) 포기하고, 광해군을 세자로 삼게 된 것. (신성군은 피란 중에 죽었다.)

세자로 책봉됨과 동시에 피란길에 나서야 했던 광해군은

오래지 않아 막중한 책임을 떠안게 된다.

이항복의 현실적 판단이 반대 여론을 무마하면서

왕은 요동과 가까운 의주로 향하고,

세자는 분조를 이끌고 함경도로 향했다.

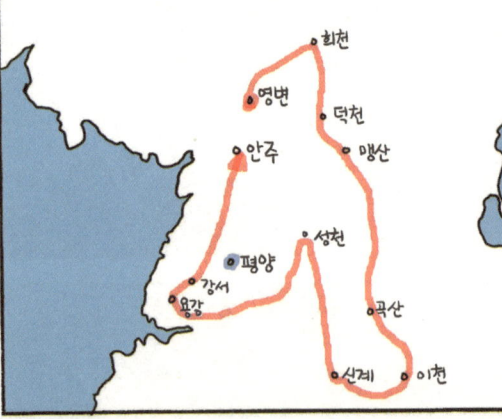

명나라가 참전해 평양이 수복될 때까지

광해군의 분조는 활동을 계속했고, 나라와 백성의 실질적인 구심으로 기능했다.

궁궐에서 나고 자란 열여덟 살 광해군이 자기 임무를 멋지게 해낸 것이다.

세자의 활동을 전해 들은 명나라 장수들도 칭찬을 아끼지 않았고,

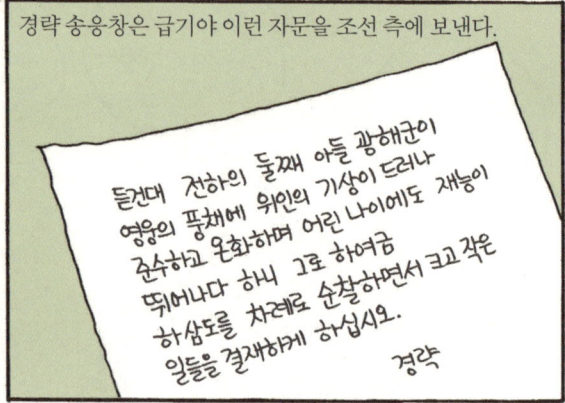
경략 송응창은 급기야 이런 자문을 조선 측에 보낸다.

이리하여 광해군은 서울 수복 뒤 다시 남쪽으로 내려가 무군사를 설치하고 이끌게 된다.

선조는 제 한 몸 건사하기에 급급했던 자신의 모습을 돌이켜볼 때마다 세자의 모습이 클로즈업되는 느낌이었으리라.

어린 나이에 위험천만한 곳으로 들어가 사실상의 조정으로서 나라의 구심 역할을 해낸 아들 광해군!

이순신을 생각할 때마다 느껴야 했던 열등감을 세자를 볼 때면 다시 느껴야 했을 것이다.

질투와 열등감은 미움으로 변해갔다.

남은 이야기_둘

《선조실록》과 《선조수정실록》

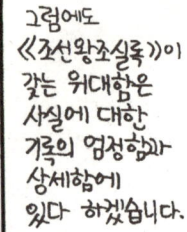

임진왜란 해전 지도

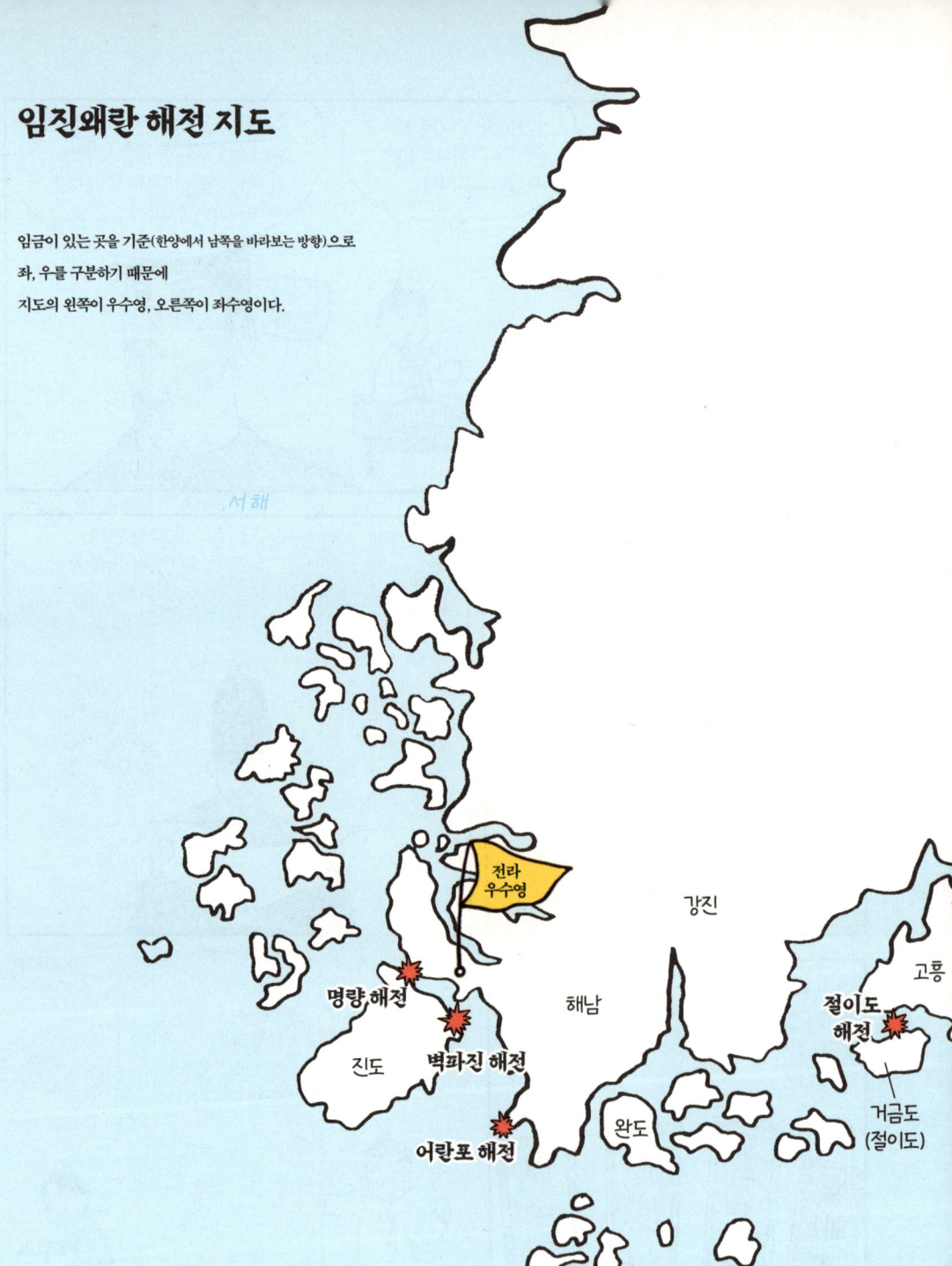

임진왜란 초기 3도 수군

수영	전라 우수영	전라 좌수영	경상 우수영	경상 좌수영	충청 수영
수사	이억기	이순신	원균	박홍	정걸
본영	해남	여수	거제	동래	보령

노량 앞바다에서 최후의 결전이 벌어졌다.
치열한 싸움 가운데 눈먼 적탄 하나가 이순신의 가슴을 파고들었다.
싸움은 대승으로 끝났다.
그러나 승리의 환호성은 이내 통곡으로 바뀌었고
오래지 않아 남도 전역을 뒤덮었다.
전쟁은 끝났다.

작가의 말

이 책은 《박시백의 조선왕조실록》 10권 선조실록 편과 11권 광해군일기 편에서 임진왜란기의 내용을 따로 모아 편집했다. 임진왜란과 이순신에 대한 독자들의 관심을 고려해 편집본을 내자는 제안을 받고 잠시 망설였지만 결국 동의했다. 필요하면 10권 선조실록만 보면 되지 않겠냐는 게 내 생각이었지만 출판사 측의 생각은 좀 달랐다. 《박시백의 조선왕조실록》이 세트 위주로 소비되는 데다 선조실록 하면 아무래도 선조임금 시절의 이야기란 인상으로 그치기 쉽다는 것이다.

우리 역사상 대표적 국난이었던 임진왜란과 그 극복 이야기는 많이 소개되었지만 그럼에도 더욱 알려져야 할 대목이라 생각하여 동의하게 되었다.

무능력하고 무책임한 조정의 대응으로 조선은 임진왜란 개전 초기에 속수무책으로 당하고 자칫 나라를 완전히 잃기 직전의 상황으로까지 내몰렸다.

그러나 조선엔 이순신이 있었다.

안이한 조정과 달리 철저히 일본의 침략에 대비하여 함선을 건조하고 무기를 제작해 배치하고 군사를 훈련했던 이순신. 그는 전쟁이 일어나자 병법의 원칙에 철저하면서도 주도적이고 변화무쌍한 전술을 운용하며 압도적 승리를 거듭해갔다. 그로 인해 조선 수군이 제해권을 장악하게 된 반면 일본군은 중대한 전략적 차질을 빚게 되면서 반전의 계기가 마련된 것이다.

하지만 이순신은 터무니없는 모함과 왕의 질시로 인해 처형될 위기까지 맞아야

했다. 다행히 목숨을 건져 백의종군하게 되는데 이후 보여준 그의 모습은 장수로서의 위대함 이전에 인간이 가진 숭고함의 끝은 어디일까를 생각하게 한다.

또한 조선엔 위기가 닥치면 떨쳐 일어서는 백성들이 있었다. 곽재우, 김면, 고경명, 고종후 등 뜻있는 재야의 유학자들은 가산을 내어 의병을 조직했고 나라로부터 받은 은혜라곤 없는 백성들이 호응해 나섰다. 유교를 앞세우고 불교를 멸시한 국책으로 인해 핍박받아온 승려들도 영규대사, 사명대사, 서산대사 등을 필두로 승병을 조직해 의병과 함께 싸웠다. 전멸을 당하면서도 최후의 일인까지 악착같이 싸운 전투가 수두룩하다. 그렇게 곳곳에서 의병들이 적을 괴롭히고 무찌르면서 위축됐던 관군도 기력을 되찾아 해볼 만한 상황이 만들어졌다.

숱한 국난 속에서 나라와 민족이 보전되고 오늘날 세계에 K-열풍을 불러오고 있는 힘의 원천은 바로 이렇게 몸 바쳐 싸우기를 주저하지 않았던 영웅들과 백성이라 하겠다.

아울러 아무 대비 없이 전쟁의 참화를 불러오고도 전쟁이 끝난 뒤 이순신과 의병장들의 공을 깎아내리기에 급급했던 선조 이하 위정자들의 행태 또한 기억해야 한다. 현란하게 난무하는 말들 속에서 누가 그들과 같은 같은 자들인지 가리는 눈을 기르는 것은 우리의 몫이다.

참고 문헌

《국역 조선왕조실록 CD-ROM》, 서울시스템주식회사, 1995.
강재언, 《선비의 나라 한국 유학 2천년》, 한길사, 2003.
고려대 민족문화연구원 한국사상연구소 편, 《자료와 해설 한국의 철학사상》, 예문서원, 2002.
김경수, 《'언론'이 조선왕조 500년을 일구었다》, 가람기획, 2000.
김문식·김정호, 《조선의 왕세자 교육》, 김영사, 2003.
류성룡 지음, 김흥식 옮김, 《징비록》, 서해문집, 2005.
민승기, 《조선의 무기와 갑옷》, 가람기획, 2005.
박영규, 《조선의 왕실과 외척》, 김영사, 2003.
박영규, 《한 권으로 읽는 조선왕조실록》, 들녘, 1996.
신명호, 《조선의 왕》, 가람기획, 1998.
신정일, 《지워진 이름 정여립》, 가람기획, 2005.
양재숙, 《임진왜란은 우리가 이긴 전쟁이었다》, 가람기획, 2002.
윤정란, 《조선의 왕비》, 차림, 1999.
이덕일, 《사화로 보는 조선 역사》, 석필, 1998.
이성무, 《조선시대 당쟁사》 1, 동방미디어, 2002.
이성무, 《조선왕조사》 1, 동방미디어, 1998.
이순신 지음, 노승석 옮김, 《이순신의 난중일기》, 동아일보사, 2005.
이순신역사연구회, 《이순신과 임진왜란》 1~4, 비봉출판사, 2006.
이이화, 《이야기 인물 한국사》 5, 한길사, 1993.
이이화, 《이이화의 한국사 이야기》 11, 한길사, 2000.
이종범, 《사림열전》 1, 아침이슬, 2006.
장영훈, 《왕릉풍수와 조선의 역사》, 대원미디어, 2000.
최범서, 《야사로 보는 조선의 역사》 1, 가람기획, 2003.
하일식, 《연표와 사진으로 보는 한국사》, 일빛, 2000.
한국고문서학회, 《조선시대 생활사》, 역사비평사, 1996.
한국생활사박물관 편찬위원회, 《한국생활사박물관》 9, 사계절, 2003.
한형조, 《왜 동양철학인가》, 문학동네, 2000.
홍순민, 《우리 궁궐 이야기》, 청년사, 2002.
KBS 역사스페셜 제작팀, 《역사스페셜》 6, 효형출판, 2003.

임진왜란, 조선엔 이순신이 있었다

1판 1쇄 발행일 2023년 12월 4일

지은이 박시백

발행인 김학원
발행처 (주)휴머니스트출판그룹
출판등록 제313-2007-000007호(2007년 1월 5일)
주소 (03991) 서울시 마포구 동교로23길 76(연남동)
전화 02-335-4422 **팩스** 02-334-3427
저자·독자 서비스 humanist@humanistbooks.com
홈페이지 www.humanistbooks.com
유튜브 youtube.com/user/humanistma **포스트** post.naver.com/hmcv
페이스북 facebook.com/hmcv2001 **인스타그램** @humanist_insta

편집주간 황서현 **편집** 최인영 **디자인** 유주현
조판 프린웍스 **용지** 화인페이퍼 **인쇄** 청아문화사 **제본** 민성사

ⓒ 박시백, 2023

ISBN 979-11-7087-079-1 07910

- 이 책은 저작권법에 따라 보호받는 저작물이므로 무단 전재와 무단 복제를 금합니다.
- 이 책의 전부 또는 일부를 이용하려면 반드시 저자와 (주)휴머니스트출판그룹의 동의를 받아야 합니다.